はじめに

ベースカフェは、吉祥寺の古いビルにあったマクロビオティック専門のカフェです。残念ながらお店は閉じてしまいましたが、その場所は、過去に、キャバレーの控え室や、理科の実験室、「floor」というカフェなどを経験してきた、思い出深い空間でした。

老朽化でビル自体の取り壊しが決まった矢先、偶然にも、このお店から出した2冊の本『マクロビオティックベースカフェの 野菜のこんだて』、『野菜のお弁当』を一冊にまとめませんか？ というお話をいただきました。不思議なご縁と、嬉しい気持ちを同時に感じています。

そのお店で私たちは、マクロビオティックを軸にした、基本の玄米ご飯と味噌汁、野菜、豆、海草などを使った季節にそったおかずを作り、お客様に提供してきました。

　味の決め手になるのが、オリジナルのソースです。このソースによって、野菜同士の素材の持ち味が引き出され、ひとつの料理にまとまります。

　本書では、このソースを使ったこんだてのおかずをご紹介しています。ごはんにかける、野菜と和えるなどの簡単なものから、シチューに加えたり、グラタンにしたりと、ソースによって料理は無限に広がっていきます。塩分も油分も控えめなので、身体にやさしく、家族の食事や、夜遅い食事にもむいています。お弁当に使えるストックおかずもご紹介しているので、ぜひ毎日の食事に取り入れていただけると嬉しく思います。

2016年　深澤暁子

もくじ

はじめに …… 3

CHAPTER 1　ベースカフェのソースと料理法
ベースカフェの献立とは？ …… 9
1　塩分・油を控えめにするオリジナルソース …… 10
　　なめたけ …… 12
　　大葉ジェノバソース …… 13
　　海苔ソース …… 14
　　香味だれ …… 15
　　白和え／バルサミコソース …… 16
　　かぼちゃの種ディップ …… 17
　　タヒニディップ …… 18
　　ポン酢 …… 19
　　味噌だれ／くるみ味噌 …… 20
　　ピーナツバター／豆腐クリーム …… 21
2　野菜のおいしさを引き出す料理法 …… 22
3　基本の玄米ご飯と味噌汁 …… 24

CHAPTER 2　主菜
ひよこ豆のコロッケ（味噌だれ）…… 28
テンペのシュウマイ（ポン酢）…… 30
白花豆のクリームシチュー（タヒニディップ）…… 32
大根の磯辺焼き（香味だれ）…… 34
キャベツの味噌春巻き（くるみ味噌）…… 35
豆乳鍋（ポン酢）…… 36
ひえのフライ（海苔ソース）…… 38
麻婆厚揚げ豆腐（味噌だれ）…… 40
れんこんの蒸し団子（なめたけ）…… 42
たかきびと里芋のクリームグラタン
　　　　（かぼちゃの種ディップ）…… 44
さつまいものタルト（バルサミコソース）…… 46
麦と野菜のジェノバスープ（大葉ジェノバソース）…… 48
甘い野菜のココット焼き（くるみ味噌）…… 49

CHAPTER 3　副菜
かぶとねぎの和え物（海苔ソース）…… 52
たたきごぼう（くるみ味噌）…… 54
五目白和え（白和え）…… 55
豆乳のくず寄せ（なめたけ）…… 56
里芋のグリル（くるみ味噌）…… 58
かぼちゃサラダ（白和え）…… 59
ズッキーニの味噌煮（味噌だれ）…… 60
かぶと柑橘のみぞれ和え（ポン酢）…… 61
いろいろきのこのマリネ（バルサミコソース）…… 62
カリフラワーのホットサラダ
　　　　（かぼちゃの種ディップ）…… 63

CHAPTER 4　ストックおかず
板麩の甘辛煮／油揚げのしょうが焼き …… 66
野菜のかき揚げ／
　　ごぼうときのこの高野豆腐フリット …… 67
ひじきの五目煮／かぼちゃの磯辺煮 …… 70
きんぴらごぼう／切り干し大根煮 …… 71
あらめとれんこんの梅煮／大根の高菜煮 …… 74
根菜のごま味噌煮／
　　さつまいもとわかめのしょうが煮 …… 75
カリフラワーのピクルス／
　　白菜と切り干し大根の柑橘マリネ …… 78
テンペのエスカベッシュ／ラタトゥイユ …… 79

CHAPTER 5　スイーツ
豆腐のチーズケーキ …… 86
焼きりんご …… 87
ジンジャーシロップのピーナツバター白玉団子 …… 90
ピーナツバターとキャロブのマフィン …… 91

常備しておきたい食材 …… 92
揃えておきたい調理道具 …… 93
ソースに使う調味料 …… 93

COLUMN
体にやさしい飲み物 …… 50
器のこと …… 64
手軽に作れる、ごはんのおとも …… 82
ディップ感覚で楽しむ、パンのおとも …… 83
お弁当にする場合／詰め方と工夫 …… 84

この本の決まり

大さじ1＝15cc、小さじ1＝5ml、1カップ＝200ccを基準にしています。
ソースの保存期間は、保存の状態、季節による温度や湿度の違いによってもかわりますので、あくまで目安にしてください。

CHAPTER 1
ベースカフェのソースと料理法

ベースカフェの料理の基本は、玄米ご飯、味噌汁、野菜中心のおかず、そしてオリジナルのソースたち。シンプルなご飯をおいしく仕上げるこだわりの料理法と併せてご紹介します。

体も心も軽やかになる一汁三菜

主菜
ソース
副菜
漬物
玄米ご飯
味噌汁

ベースカフェの献立とは？

ベースカフェの献立は、野菜の料理で満足感を感じていただくために、さまざまな工夫をしています。

1
塩分・油を控えめにする オリジナルソース

ベースカフェの料理は、塩分・油は控えめになっています。その理由は、野菜の持ち味を最大限に引き出していることと、その野菜に合うオリジナルのソースを組み合わせることで旨味を充分に得られるからです。常備しておけば、毎日のレパートリーが広がります。

2
野菜のおいしさを 引き出す料理法

野菜をじっくり炒めたり、丸ごと煮たり蒸したりして旨味を閉じ込めるなど、その野菜が一番おいしくなる料理法で作ります。しかも家庭で作れる簡単な料理ばかり。野菜だけのおかずを中心にしたい方や、体にやさしい食事を求めている方にもおすすめのおかずです。

3
基本の 玄米ご飯と味噌汁

もちもちした食感の玄米ご飯、野菜や海草などの植物性の食材を使った味噌汁。どちらもシンプルですが、米の洗い方、だしのとり方、ひとつひとつの作業にコツがあります。献立の基本といえるこの2つは、ぜひマスターしてください。

1
塩分・油を控えめにする オリジナルソース

白和え (p16)
タヒニディップ (p18)
大葉ジェノバソース (p13)
くるみ味噌 (p20)
味噌だれ (p20)
なめたけ (p12)

1 塩分・油を控えめにする
オリジナルソース

なめたけ

きのこと調味料を煮るだけ、と簡単にできます。
日持ちがするので、あると便利なソースです。
ご飯にのせるだけでおかずにもなります。

〈保存期間〉
約1週間

◎材料（約200ｇ分）
えのきたけ …… 110ｇ（1/2袋）
しめじ …… 110ｇ（1/2袋）
しいたけ …… 110ｇ（1袋）
＊全部で330ｇになればきのこの種類はなんでもよい。
えのきたけは必ず入れる
しょうゆ …… 50cc
みりん …… 50cc
水 …… 50cc

◎作り方
①しいたけは薄切り、えのきたけは長さ2cmに切り、しめじは細かく割く。
②厚手の鍋に①のきのこ、しょうゆ、みりん、水の順に入れ中火にかける。
→最初に入れる調味料の味が強く出るのでしょうゆを先に入れると調味料が少なくてすみます。
③沸いたら弱火にし、途中木べらで混ぜながら水分がなくなるまで煮詰める。

【簡単レシピ】
ご飯にかけるだけのなめたけ丼。
時間がないときも立派なおかずの一品になります。

きのこの風味がしっかりしみ込んだ炊き込みご飯。一緒に入れて炊くだけで完成です。

大葉ジェノバソース

油もチーズも使っていませんが風味とコクがあります。
パスタや蒸した野菜に合わせたりと
おもてなしにも助かるソースです。

〈保存期間〉
約3日間

◎材料（約100g分）
大葉 …… 30g（30枚）
カシューナッツ …… 30g
白味噌 …… 大さじ1
白たまり …… 大さじ1
しょうゆ …… 大さじ1

◎作り方
①カシューナッツはフライパンで炒る。
②大葉は手でちぎり、すり鉢に入れてよくすり、①を加えてさらになめらかにする。
③②に白味噌を入れすり合わせる。
④白たまり、しょうゆを小鍋に入れ弱火にかけて沸かす。あら熱がとれたら③に入れすり合わせる。

【簡単レシピ】
茹でたパスタにさっと和えて絡ませます。
お好みの野菜を一緒に和えてもおいしいです。

1 塩分・油を控えめにする
オリジナルソース

海苔ソース

シンプルですが日持ちもよく、ごはんやパスタにも合います。
梅やごまなどを入れてアレンジも楽しめます。
手作りならではの風味を味わってみてください。

〈保存期間〉
約1週間

◎材料（約200g分）
焼海苔 …… 4枚
しょうゆ …… 大さじ1と1/2
水 …… 200cc
青海苔 …… 大さじ1/2

◎作り方
①海苔は火であぶり、手で細かくちぎる。
②鍋に①の海苔、しょうゆ、水を入れてふたをして弱火で15分煮る。
③青海苔を加え、泡立て器で混ぜる。

【簡単レシピ】
お湯で溶いただけのスープ。焼き海苔の香ばしさが広がりお酒を飲んだあとにもおすすめ。
薬味にねぎとごまをふると風味付けに。

香味だれ

イメージは中華風のたれです。
大根サラダや冷やし中華、焼いたきのこなどにも。
漬けたりかけたり、何かと使える万能だれです。

〈保存期間〉
約1週間

◎材料（約150g分）
長ねぎ …… 20g
しょうが …… 5g
しょうゆ …… 大さじ3
酢 …… 大さじ2
ごま油 …… 小さじ1/2
てんさい糖 …… 小さじ1

◎作り方
①長ねぎは粗みじん切りにし、しょうがはすりおろす。
②鍋にしょうゆ、酢、ごま油、てんさい糖を入れ中弱火にかけ、泡立て器で混ぜながら沸かす。
③沸いたら火を止め、①を入れ混ぜる。冷めたら完成。

【簡単レシピ】
厚揚げをフライパンでこんがり焼き、たれをかけます。
酸味のあるたれと香ばしい揚げの組み合わせは
食欲をそそります。

〈保存期間〉
約2日間

白和え

大豆でできた3つの材料を使ったシンプルで味わい深いディップ。

◎材料（約300g分）
白ごま …… 大さじ1と1/2
麦味噌 …… 大さじ1
しょうゆ …… 大さじ1
木綿豆腐 …… 300g（1丁分）

◎作り方
①ごまは炒り、すり鉢に入れてする。
②小鍋に麦味噌としょうゆを入れ弱火で一度火を入れ、①に加えすり合わせる。
③②に木綿豆腐を入れさらによくすり合わせる。

〈保存期間〉
約1週間

バルサミコソース

沸かすことで調味料がなじみ柔らかな酸味とコクがでます。

◎材料（約100g分）
バルサミコ酢 …… 大さじ3
しょうゆ …… 大さじ3
粒マスタード …… 小さじ1

◎作り方
①鍋にバルサミコ酢、しょうゆを入れ中弱火にかける。沸いたら弱火にし3分煮る。
②あら熱がとれたら粒マスタードを入れ混ぜる。

かぼちゃの種ディップ

かぼちゃの種のコクと梅酢の酸味と塩分が
チーズのような風味を出してくれます。

〈保存期間〉
約5日間

◎材料（約100g分）
パンプキンシード …… 60g
梅酢 …… 大さじ2
水 …… 大さじ2

【簡単レシピ】
野菜をシンプルに味わえる蒸し野菜。
どのソースも蒸し野菜によく合います。
お好みのソースでいただきましょう。

◎作り方
①パンプキンシードは炒り、すり鉢に入れて粗めにつぶす。
②小鍋に梅酢と水を入れ、弱火にかけ一度沸かし、あら熱がとれたら①に加えよく混ぜる。

1 塩分・油を控えめにする
オリジナルソース

タヒニディップ

〈保存期間〉
約1週間

ご飯にも野菜にも合うディップ。
パンに塗って野菜をはさめばサンドイッチになります。
濃厚なのでだしで薄めればうどんのたれにもなる、使えるディップです。

◎材料（約150g）
タヒニ（白ごまペースト）…… 100g
しょうゆ …… 大さじ1
梅酢 …… 大さじ1
水 …… 大さじ2と1/2

◎作り方
①鍋にタヒニ、しょうゆ、梅酢、水を入れ泡立て器でもったりするまで混ぜる。
②弱火にかけ、梅酢のつんとした酸味がなくなり全体がなじむまで火にかける。
→火にかけすぎると油が分離してしまうので注意してください。

【簡単レシピ】
タヒニディップはコクがあって
ツナマヨネーズの味わいに似ています。
おむすびの具材としても利用できます。

ポン酢

柑橘の皮ごと入れてワイルドに作ってほしい自家製ポン酢。
一年中買えるレモンはもちろん、柚子やすだちやみかんなど
季節の柑橘でも楽しめます。

〈保存期間〉
約1週間

◎材料（約200g分）
柑橘類（レモン、柚子など旬のもの）……皮ごと75g
＊柑橘は農薬不使用のものを選ぶ
しょうゆ …… 75cc
水 …… 75cc
昆布 …… 2×5cm
干ししいたけ …… 1個

◎作り方
①柑橘を半分に切り、果汁を搾る。
②鍋にしょうゆ、水、昆布、干ししいたけを入れ中火にかけ沸かす。
③火を止め、あら熱がとれたら①を入れ、柑橘の皮ごと漬け込んでおく。
→熱いときに入れると柑橘の苦みが出てしまいます。

【簡単レシピ】
暑い時期におすすめの和風ピクルス。
大根、きゅうり、人参、長いも、みょうがなどの野菜を塩でもみ、2時間以上漬けてからいただきます。

1 塩分・油を控えめにする
オリジナルソース

味噌だれ

茹でたこんにゃくにかけたり
豆腐や生麩に塗って焼いたりと、
おつまみやおかずに。
煮ても焼いても炒めても大活躍します。

〈保存期間〉
約1週間

◎材料（約100g分）
麦味噌 …… 大さじ1
しょうゆ …… 大さじ1
みりん …… 大さじ1
くず粉 …… 小さじ1
水 …… 50cc

◎作り方
①鍋に麦味噌、しょうゆ、みりん、くず粉、水を入れ泡立て器で混ぜる。
②中火にかけ沸いたら弱火にし、混ぜながら3分煮る。

くるみ味噌

コクがあり和洋に楽しめるディップ
くるみを炒って風味を出し、
白味噌を加えて甘さを出します。
マスタードを加えても。

〈保存期間〉
約5日間

◎材料（約150g分）
くるみ …… 100g
麦味噌 …… 大さじ2
白味噌 …… 大さじ2
しょうゆ …… 大さじ2

◎作り方
①くるみは炒り、すり鉢に入れて粗めにつぶす。
②小鍋に麦味噌、白味噌、しょうゆを入れ弱火で一度火を入れ、①に加え混ぜる。

【簡単レシピ】
残り野菜があるときにおすすめの野菜丼。
フライパンで野菜をさっと焼いてたれと絡めます。
しっかりとした味付けで満足感があります。

【簡単レシピ】
お好みの量の水で溶いてうどんやそばのつけだれに。
くるみのコクと甘さが味わい深いです。

ピーナツバター

ついついつまみ食いしてしまう、あると嬉しい甘いディップ。少量の塩で味をぎゅっと引き締めます。

〈保存期間〉
約1週間

◎材料（約200g分）
ピーナツバター（無糖のクランチ）……75g
米あめ……75g
水……大さじ1と1/2
塩……少々

◎作り方
①鍋にピーナツバター、米あめ、水を入れ泡立て器で混ぜる。
②弱火にかけ混ぜながら沸かす。塩を入れて火を止める。

豆腐クリーム

フルーツにかけたり、パンにのせてフルーツサンドにしたり。豆腐の味を感じさせない軽くて爽やかなクリームです。

〈保存期間〉
約2日間

◎材料（300g分）
木綿豆腐……約300g（1丁分）
塩……ひとつまみ
メープルシロップ……大さじ3
レモン汁……大さじ1と1/3

◎作り方
①小鍋に湯を沸かし、木綿豆腐と塩を入れ3分茹で、ざるにあげ冷ます。
②①をすり鉢またはフードプロセッサーに入れ、メープルシロップとレモン汁を加えよく混ぜる。

【簡単レシピ】
ピーナツバターを塗りバナナをのせて焼いたピーナツバナナトーストは、おやつにぴったり。お店では蒸した全粒粉のパンと一緒に出しています。

【簡単レシピ】
フルーツにかけると少しリッチに。
ロールケーキ生地、パンケーキなどのスポンジ生地にもよく合います。

2
野菜のおいしさを引き出す料理法

ウォーターソテー

油のかわりに少量の水を入れて沸騰させ、野菜を炒める方法です。穏やかに調理することはとても大切なことのひとつ。あまりかき混ぜすぎないようにしながら野菜のおいしさを引き出したり、あくを飛ばしたりします。また、野菜の甘さや水分をさらに引き出すために途中で塩をふることもあります。

塩分を少なくする方法

①高い位置からふる
高い位置から塩をふることで全体に均等にいきわたらせることができます。また上から下へ落ちる力が強められることにより、少量でもしっかりとした味をつけることができます。

②味噌をすり鉢でする
この本の料理では味噌がよく登場します。たとえば味噌汁を作るときなどは味噌を丁寧にすってから入れます。きめ細かくすることで汁ともよくなじみ、少量でも味をしっかりと感じることができます。

材料・調味料を入れる順

どんな料理を作りたいかによって、材料や調味料を入れる順番はかわります。たとえば調味料は先に入れたものの味が最後まで強く残るので、甘辛くしたいときはみりんや米あめを先に入れてからしょうゆを足し、隠し味でわずかに甘さを感じさせたいときはしょうゆを先に入れます。

野菜の洗い方

野菜は丸ごとでバランスがとれているものなので、なるべく皮も根も大切にいただくようにします。皮を洗うときはたわしでゴシゴシとこすったりせず、赤ちゃんの体を洗うようにやさしく丁寧に木綿の布で洗います。

食器洗いや体にも使えるびわこの布で洗っています。

野菜の切り方

ひとつの野菜でも部分によって性質は異なります。切り方をかえることで、その料理に合った性質をとり入れることができます。

①まわし切り
中心と外側では性質が違います。その両方を一切れに均等にとり入れるには、中心に向かって放射線状に切ります。

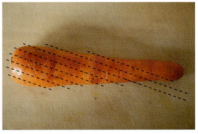

②ななめ切り・千切り
人参などの場合、葉に近い上の部分と下の部分では性質に違いがあります。なるべく両方をとり入れるにはななめに切ります。千切りは、薄くななめ切りにしたものをさらにななめに細く切ります。

野菜を無駄なく食べる

野菜はどうしても食べられない部分だけを丁寧に削りとります。食べられないところは、ほんのわずかです。

3 基本の玄米ご飯と味噌汁

玄米ご飯の炊き方

ベースカフェの玄米ご飯は、長時間しっかり浸水してふっくらと炊き上げます。
圧力鍋を使えばもちもちの食感に仕上がります。

材料(4人分)
玄米(コシヒカリ)……3合
水……650cc(米の約1.4倍)
塩……ひとつまみ

＊3合に対し大さじ1の雑穀を入れてもよい(水も大さじ1増やす)。夏は麦、はと麦、冬はあずき、黒米など

①お米の種類

お米はコシヒカリとササニシキを選んでいます。もっちり食べ応えのあるコシヒカリ=外食用、あっさりした食べ応えのササニシキ=普段用、と考えています。ササニシキを炊く場合は、お水の加減は玄米3合に対し、1.5〜1.6倍の水を使っています。

②ご飯を温め直したいとき

お店では炊飯器、電子レンジは使いません。ご飯を温めるときは吸湿性に優れている経木(きょうぎ)を蒸し器に敷いて蒸し直します。

おにぎりを包むときにも。

◎作り方
①籾殻や傷んだ玄米を取り除く。

②玄米をボウルに入れ、ボウルのはしから水を注ぎ、米を泳がせるように手でやさしく洗う。

→力を入れてとぐと粒がくずれてしまうので、水っぽくなりつやのある玄米が炊き上がりません。

③玄米をざるにあげ、ざるのままボウルに入れ、もう一度水を注ぎ指先でやさしく洗う。2回繰り返す。

④水気をよく切り、ボウルに入れ分量の水を注ぎ、一晩冷蔵庫に入れ浸水する。

⑤④を圧力鍋に移す。塩をひとつまみ高い位置から入れ、ふたをして中強火にかける。
→玄米が引き締まらないように塩は炊く直前に入れます。

⑥圧がかかってきたら、1分そのままの火加減で鍋に強い圧をかける。その後弱火にし、夏は20分強、冬は30分くらい炊く。
→季節に合わせて火にかける時間を調整します。夏はあっさり、冬はもっちりとした食べ応えにします。

⑦火から下ろし、10分ほど蒸らす(コンロにのせたままだと余熱で焦げてしまうので注意)。

⑧ふたをとり上下を返しながら、湿らせたおひつや飯台に移す。
→おひつに移すことで玄米から出る水分が加減されふっくらと仕上がります。

◎玄米を一晩浸水できないとき

→最低30分は浸水し、ふたをしないで中強火にかけます。沸いてきたら小さな泡が出るくらいの弱火にし8〜10分煮ます。水分量がへっていたら、玄米から1.5cmくらいの水を加えます。後の手順は⑤から同じ。

漬物の作り方

残った葉ものは、漬物にしてご飯のつけ合わせにしています。
◎材料
残った葉もの …… 大根の葉＝1本分、または
　　　　　　　　　かぶの葉＝3個分
しょうゆ …… 大根30cc、かぶ20cc
昆布 …… 1cm角
水 …… 200cc
◎作り方
葉ものは茹でる。しょうゆ、水を鍋に入れてひと沸かしし、昆布、葉ものを漬け込む。

おかゆの炊き方

朝ご飯にぴったりの体にやさしいおかゆです。
◎材料(4人分)
玄米(コシヒカリ) …… 1合
水 …… 4〜5cup(冬800cc〜夏1ℓ)
梅干し …… 大1個
＊玄米ご飯同様、大さじ1の雑穀を入れてもよい
①〜③まで玄米ご飯の作り方と同じ。雑穀も玄米と一緒に混ぜて洗う。④土鍋に入れ、水と梅干しを入れ、中火にかける。沸いてきたら弱火にしてふたをする。夏場は30分、冬は45分、玄米が柔らかくなるまで炊く。

味噌汁の作り方

だし自体はとてもシンプルですが、玉ねぎの甘みをいかしたり、野菜をたくさん使い旨味を出しています。季節に合わせて食べたい野菜を使ってください。

◎材料（4人分）
〔秋冬の場合〕
水 …… 1ℓ
麦味噌 …… 適量
昆布 …… 3×5cm
干ししいたけ …… 1〜2個
人参 …… 40g（3cm）
玉ねぎ …… 100g（中1個）
ごぼう …… 10g（2〜3cm）
かぶ …… 80g（小1個）
かぼちゃ …… 80g（1/8個）
白菜 …… 50g（2枚）

○だしは、夏は天日干しのわかめやふのりなど軽やかなもの、冬は昆布、干ししいたけなどしっかりとだしの出るものを使っています。
○野菜の切り方、煮る時間、野菜の種類、味噌の量は季節によりかえています。夏は、豆もやし、セロリ、キャベツ、とうもろこしなど、さっぱりとした野菜を使います。

◎作り方
①容器に水、昆布、干ししいたけを入れ、冷蔵庫で一晩置く。時間のないときは鍋に直接入れ、火を弱めにしゆっくり沸かす。
②野菜を切る。玉ねぎは厚さ5mmのまわし切り、ごぼうは薄いななめ切り、かぶは厚さ5mmのまわし切り、かぼちゃは1.5cm角切り、人参はななめ千切り、白菜は芯と葉の部分に分け、それぞれを手でちぎるか、ななめ切りにする。
③①に玉ねぎ、ごぼう、白菜の芯を入れ中火にかける。沸く直前に昆布をとり出し沸いたら弱火にし、かぶを入れ10分煮る。
③にかぼちゃと人参、白菜の葉を入れ、かぼちゃが柔らかくなるまで5分ほど煮る。
④鍋から野菜の香りがしてきたら火を止め、干ししいたけをとり出してまわし切り、③でとり出した昆布は細切りにし、鍋に戻し入れる。すり鉢に麦味噌を入れ、だし汁を少量加えすり合わせ、鍋に加える。
⑤味噌の塩分を和らげるために、もう一度弱火で30秒ほど火を入れる。

CHAPTER 2
主菜

食事のメインである主菜は、揚げ物や具材たっぷりのクリーム系のスープ、オーブン料理など、見た目も味も満足感があります。まずは一品作ってみてください。

ひよこ豆のコロッケ

ベースカフェの定番。
ほくほくしたひよこ豆に玉ねぎと人参を入れただけと
シンプルながらしょうゆと梅酢が味に深みを出しています。
パンにはさみコロッケサンドにするのもおすすめです。

〈使うソース〉
味噌だれ（かける）
→p20

〈ほかに合うソース〉
大葉ジェノバソース
海苔ソース
バルサミコソース

◎材料（4人分）
ひよこ豆 …… 200g
水 …… 500cc
玉ねぎ …… 約大1個（125g）
人参 …… 約中1/2本（75g）
昆布 …… 2cm角
しょうゆ …… 小さじ2
梅酢 …… 小さじ2
水溶き地粉 …… 適量（地粉1：水1）
パン粉 …… 適量
なたね油（揚げ油） …… 適量
味噌だれ …… 適量

◎作り方
①ひよこ豆は洗い、2時間以上浸水する（浸した水は豆から脂肪分、あくが出るため捨てる）。玉ねぎと人参はみじん切りにしておく。
②圧力鍋にひよこ豆と水を入れ、中火にかける。沸いたらあくをとり、昆布を入れてふたをする。圧がかかったら中火のまま1分火にかけ（強い圧力をかけるため）、弱火にして30分炊く。
③圧が下がったらふたを開けて、しょうゆと梅酢を入れ水分を煮詰める。
④③のひよこ豆をすり鉢で豆の食感が残る程度につぶし、①の玉ねぎと人参を入れ混ぜる。
⑤④を丸型にし、水溶き地粉にくぐらせパン粉をつけ、約170℃の油でこんがりとした色になるまで揚げる。
⑥味噌だれをかけていただく。

③マッシュポテトのように仕上げるため、汁気をしっかり飛ばします。

⑤パン粉を薄くつけるため、水溶き地粉はよく練ってねばりを出し、濃度は薄くします。

テンペのシュウマイ

テンペを使うことで豆を煮なくても簡単にでき、発酵食品の栄養も摂ることができます。
茹でたごぼうやひじき、春菊や菜の花を加えたり、ごまを入れて風味を加えても合います。

〈使うソース〉
ポン酢（つける）
→p19

〈ほかに合うソース〉
香味だれ
海苔ソース
バルサミコソース

◎材料（15〜20個分）
（具）
- テンペ …… 2枚（400g）
- れんこん …… 10cm（50g）
- 長ねぎ …… 10cm（50g）
- しょうが …… 5g
- ごま油 …… 数滴

いんげん（飾り用）…… 2〜3本
シュウマイの皮 …… 15〜20枚
レタス（敷く用）…… 2〜3枚
ポン酢 …… 適量

◎作り方
①れんこんは薄いいちょう切りにし、5分茹でるか蒸す。長ねぎとしょうがはみじん切りにする。いんげんは茹で、長さ1cmのななめ切りにする。
②具の材料をボウルに入れて混ぜる。15〜20個分に分けシュウマイの皮で包み、上にいんげんをのせる。

②具をつまみながら皮を寄せていきます。空気が入ると蒸し上がりがくずれてしまいます。

③せいろにレタスを敷き②をのせ、8〜10分蒸す。ポン酢をつけていただく。

③レタスはつけ合わせにもなります。レタスのかわりにぬらした経木（p24）を敷いても。

白花豆のクリームシチュー

豆乳や小麦粉を使わないシチュー。タヒニディップのコクとくず粉のとろみで冬にほっくり安心する味です。ここでは野菜を大きめに切っていますが、野菜を薄めに切ってストロガノフのようにご飯にかけるのもおすすめです。

〈使うソース〉
タヒニディップ（味付け）
→p18

◎材料（4人分）
- 白花豆 …… 200g
- 水 …… 1.4ℓ
- 玉ねぎ …… 約小4個（400g）
- 人参 …… 約小3本（300g）
- ブロッコリー …… 小1株
- しめじ …… 1パック（200g）
- 昆布 …… 2cm角
- ローリエ …… 1枚
- 塩 …… 小さじ2

A
- くず粉 …… 60g（50ccの水で溶いておく）
- 白味噌 …… 大さじ6
- タヒニディップ …… 大さじ6（約100g）
- しょうゆ …… 大さじ2

◎作り方
①白花豆は洗い、一晩浸水する（浸した水は豆の脂肪分、あくが出ているので捨てる）。
②玉ねぎは厚さ1.5cmのまわし切り、人参は乱切り、ブロッコリーはひと口大に切り、しめじは小房に分ける。
③圧力鍋に白花豆と水を入れ、中火にかける。沸いたらあくをとり、玉ねぎ、人参、昆布を入れふたをする。圧がかかったら弱火にし、5分火にかける。
④圧が下がったらふたをとり、ブロッコリー、しめじ、ローリエを入れ5〜10分煮る。
⑤Aをすり鉢で合わせて④のスープでのばし、スープに加え、塩で味をととのえる。

⑤すり鉢で丁寧にすることでなめらかな舌触りに仕上がります。

〈土鍋で作る場合〉
①②⑤は圧力鍋と同じ。土鍋に白花豆と水（1.5ℓ）を入れ中火にかける。沸いたらあくをとり、昆布を入れ、20〜30分白花豆が柔らかくなるまで煮る。玉ねぎ、人参、ローリエを入れ、5〜10分煮て、ブロッコリーとしめじを入れて5分煮る。

大根の磯辺焼き

長ねぎやニラを加えてチヂミ風にも。スプーンですくって油に落とし、揚げてもおいしいです。大根のかわりにかぶや長芋でも作れます。

〈使うソース〉
香味だれ（つける）
→p15

〈ほかに合うソース〉
なめたけ
バルサミコソース
海苔ソース
ポン酢

◎材料（4人分）
大根 …… 500g
地粉 …… 大根おろしの1/3量（166g）
海苔 …… 適量
ごま油 …… 大さじ1
香味だれ …… 適量

◎作り方
①大根はすりおろし、少し水分が残る程度に水気を切る。
②①に地粉を入れ、フォークでさっくりと混ぜる。

②生地を練ってしまうとべたついてふわふわに仕上がりません。

③海苔を3〜5cm角に切り、②をのせる。ごま油を熱したフライパンで焼き目がつくまで揚げ焼きにする。香味だれをつけていただく。

キャベツの味噌春巻き

キャベツ、人参、長ねぎの甘さとくるみのコク。熱々はもちろん
冷めてもおいしいのでお弁当にもおすすめ。野菜を少し大きめに切って食感を出します。

〈使うソース〉
くるみ味噌（味付け）
→p20

〈つけだれとして〉
ポン酢
香味だれ
バルサミコソース

◎材料（4人分）
キャベツ …… 約1/8個（200g）
人参 …… 約中1本（150g）
長ねぎ …… 約1と1/2本（200g）
くるみ味噌 …… 大さじ6
春巻きの皮 …… 8枚
なたね油（揚げ油）…… 適量

◎作り方
①キャベツ、人参、長ねぎは厚さ3mmのななめ千切りにする。
②鍋に水を少量入れ、中弱火で長ねぎをウォーターソテーする（p22）。
③②にキャベツ、人参を入れてふたをし5分蒸し煮にする。野菜がしんなりしてきたら、くるみ味噌で味付けし、水分を煮詰める。
④③を8等分して春巻きの皮で包み、170℃の油でこんがりと揚げる。

＊お好みでポン酢などつけだれをつけてもよい

豆乳鍋

野菜のおいしさを素直に感じられるメニューです。
豆乳は体を冷やす作用があるため、鍋底に昆布を敷いたり
麦味噌、しょうゆ、くずなど、体を温める食材を
加えてバランスをとっています。

〈使うソース〉
ポン酢（つけだれ）
→p19

〈ほかに合うソース〉
タヒニディップ

◎材料（4人分）
水 …… 500cc
昆布 …… 5×8cm
玉ねぎ …… 1個、長ねぎ …… 1本
人参 …… 小1本
しいたけ、エリンギ、しめじ、えのきなど …… 適量
白菜、大根、れんこん、ごぼう、春菊、豆腐、車麩、玄米もちのきんちゃくなどお好みの具 …… 適量
ポン酢 …… 適量

A
豆乳 …… 500cc
麦味噌 …… 大さじ1と1/2
しょうゆ …… 大さじ1と1/2
くず粉 …… 15g

◎作り方
①土鍋に水を入れ、昆布を加える。
②野菜を切る。玉ねぎは大きめのまわし切り、長ねぎはななめ切り、人参は厚めのななめ切り、白菜は葉と芯の部分を分け、芯はななめ切りに葉はちぎる。大根、れんこんは厚めのいちょう切り、ごぼうは薄めのななめ切り、春菊は3～5cmに切り、豆腐は水切りしひと口大に切り、車麩は水で戻す。玄米もちのきんちゃくは玄米もちを切り、油揚げに入れ、小ねぎやつまようじで口をとじる。

②野菜は季節に合わせてお好みのものを用意します。

③①に玉ねぎ、人参、ごぼう、れんこん、大根、きのこなど煮えにくい野菜を入れ中火にかける。沸いたら弱火にし、長ねぎと白菜の芯、豆腐、車麩、もちきんちゃくを入れ、ふたをして煮る。
→水から野菜を加えてじっくり火を通し野菜の旨味を出します。
④Aをすり鉢で混ぜ、③の野菜が柔らかくなったら加える。最後に春菊、白菜の葉を入れ、ひと煮立ちするまで待つ。ポン酢をつけていただく。
→豆乳は沸かすと分離してしまうのでくず粉のとろみでふせぎます。

ひえのフライ

ふんわりした食感がクリーミーで、白身魚のフライにも似ています。
夏はとうもろこし、秋はきのこを混ぜたりと、1年中楽しめます。
炊いたひえを冷やして豆腐マヨネーズを混ぜ、野菜と和えれば
ポテトサラダ風になります。

〈使うソース〉
海苔ソース（かける）
→p14

〈ほかに合うソース〉
味噌だれ
バルサミコソース
白和え

◎材料（4人分）
ひえ …… 200g
水 …… 650cc
玉ねぎ …… 約小1個（100g）
塩 …… 小さじ1/2
水溶き地粉 …… 適量（地粉1：水1）
パン粉 …… 適量
なたね油（揚げ油）…… 適量
海苔ソース …… 適量

◎作り方
①ひえは洗って鍋に入れ、水を加え中弱火にかける。沸いたら弱火にし、ふたをしてときどき木べらで混ぜながら10～15分炊く。
②玉ねぎはみじん切りにし、①に入れて塩を加え混ぜる。
③②のひえをたわら型にし、水溶き地粉にくぐらせパン粉をつける。170℃の油で揚げる。海苔ソースをかけていただく。

①鍋底が焦げやすいので様子をみながら木べらで混ぜること。

麻婆厚揚げ豆腐

豆板醤など辛味は入っていませんが、
長ねぎとしょうがの辛味や香味を生かしています。
油も使っていませんが、厚揚げでコクを出し、たかきびを合わせることで
ボリュームを出したおかずです。ごはんによく合うので丼にしても。

〈使うソース〉
味噌だれ（味付け）
→p20

◎材料（4人分）
- たかきび …… 100g
- 水 …… 250cc
- 長ねぎ …… 約1本（100g）
- しょうが …… 10g
- 味噌だれ …… 約300g（p20で紹介している量の3倍）
- 厚揚げ …… 2丁

◎作り方
①たかきびは洗い、圧力鍋に入れて水を加え30分浸水する。中火にかけ、沸いたらふたをして圧をかけ、弱火で15分ほど炊く。
②長ねぎは粗みじん切り、しょうがは小さめのみじん切りにする。
③①に味噌だれと②の長ねぎを加えふたをして弱火で5分煮る。
④厚揚げは2cmの角切りにし、②のしょうがと一緒に③に加え、厚揚げが温まるまで弱火で煮る。

→たかきびのとろみを利用して麻婆豆腐風に仕上げます。

れんこんの蒸し団子

つなぎは何も入れずにれんこんをすりおろして蒸すだけと
とても簡単。もちもちの食感になりとてもおいしいです。
昔から呼吸器によいといわれるれんこんは
風邪のひきはじめやのどが痛いときなどにも食べたくなります。

〈使うソース〉
なめたけ（かける）
→p12

〈ほかに合うソース〉
大葉ジェノバソース
海苔ソース
バルサミコソース

◎材料（4人分）
れんこん …… 350g
大根 …… 3cm（50g）
春菊 …… 4〜5本
なめたけ …… 150g
水 …… 150g

◎作り方
①れんこんはすりおろす。大根は細切り、春菊は茹でて
ひと口大に切る。
②なめたけに水を加え、鍋に入れ沸かす。
③①のれんこんを5〜6cmに丸め、せいろに大根と一
緒に入れ、5〜8分蒸す。

③れんこんはすりおろしたもの
を蒸すだけでふわふわの食感に
仕上がります。

④器に③の蒸しあがったれんこん、①の春菊を盛り、②
のなめたけをかける。最後に①の大根をのせる。

たかきびと里芋のクリームグラタン

たかきびのトマトソースと里芋クリームを重ねて
ラザニアのような味わいになっています。
寒い冬にも合うように、味噌、しょうゆを使い、体を温めるようにしました。
大きな耐熱皿で作ればおもてなしにも喜んでもらえそうです。

〈使うソース〉
かばちゃの種ディップ
（味付け）
→p17

〈ほかに合うソース〉
大葉ジェノバソース
海苔ソース
バルサミコソース

◎材料（4人分）
（たかきびトマトソース）
　たかきび……100g
　水……600cc
玉ねぎ……150g
トマト（またはホールのトマト缶100g）
　……約中1個（100g）
麦味噌……大さじ1
しょうゆ……大さじ1
オレガノ（ドライ）……小さじ1
（里芋クリーム）
里芋（皮つき）……300g
白味噌……大さじ1
白たまり……大さじ1
塩……小さじ1/8
水……大さじ2

かばちゃの種ディップ……大さじ4
パン粉……適量

※オーブンは200℃に温めておく。
◎作り方
①たかきびは洗い、鍋に入れ、水を加え30分浸水する。中火にかけ沸いてきたら、みじん切りにした玉ねぎを入れ、ふたをして20分炊く。
②トマトは1cmの角切りにし、麦味噌としょうゆは合わせてすり鉢ですり①に加える。オレガノも加え5分煮る。水分が多ければミートソースのような濃度になるまで煮詰める。
③里芋クリームを作る。里芋は洗い皮ごと水から煮る。柔らかくなったら皮をむき、すり鉢に入れてつぶし、白味噌、白たまり、塩、水を加え混ぜペーストにする。

③すり鉢で丁寧にすることで乳製品を使わなくてもクリームのように仕上がります。

④耐熱皿にたかきびトマトソースと里芋クリームを順に入れ、上にかばちゃの種ディップをのせる。パン粉をふり、200℃のオーブンで5〜10分焼く。

さつまいものタルト

キッシュをイメージして作ったおかずタルトです。
味はキッシュとは少し違いますが、
さつまいもの甘さとバルサミコソースの酸味がよく合っています。
おもてなしや3時のおやつに、冷めてもおいしいのでピクニックにもどうぞ。

〈使うソース〉
バルサミコソース
（かける）
→p16

〈ほかに合うソース〉
大葉ジェノバソース
海苔ソース
バルサミコソース

◎材料（25×10cmの四角型または18cm丸型1台分）
さつまいも …… 約小1本（200g）
エリンギ …… 約大1本
ブロッコリー …… 約1/4株（80g）
玉ねぎ …… 約1/2個（80g）
バルサミコソース …… 適量
（タルト台）
全粒粉 …… 50g
地粉 …… 50g
なたね油 …… 大さじ2
水 …… 大さじ2
（アパレイユ）
A ┃ 豆乳 …… 200cc
　┃ 白味噌 …… 大さじ2
　┃ 塩 …… 小さじ1/8
　┃ くず粉 …… 10g

※オーブンは180℃に温めておく。
◎作り方
①タルト台を作る。ボウルに粉類を入れ、なたね油を加え手ですり混ぜる。水を加え全体をなじませる。型に敷きつめ、180℃のオーブンで15分から焼きをする。

①手でぽろぽろになるようにすり混ぜます。

生地がまとまったらOK。練ると固い生地になってしまうので軽くまとめます。

②さつまいもは2cm角に切り、塩水（分量外）に漬ける。5〜8分蒸してから、ボウルに入れフォークでつぶす。

②さつまいもは体を冷やすので塩水に漬けてバランスをととのえます。

③エリンギ、ブロッコリーをひと口大に切り、玉ねぎは大きめのまわし切りにする。
④フライパンを中弱火にかけ、少量の水（分量外）を入れエリンギ、玉ねぎを入れ、塩をひとつまみ（分量外）ふり、ウォーターソテー（p22）する。ブロッコリーは茹でる。
⑤アパレイユを作る。鍋にAを入れて混ぜ、中火にかける。沸いたら弱火にし、1分煮て②のさつまいもを加え混ぜる。
⑥①に④の野菜と⑤を入れ、180℃のオーブンで20分焼く。
⑦上にバルサミコソースをかけていただく。

麦と野菜のジェノバスープ

春夏や朝食に合う、野菜の甘さを味わうスープ。玄米が重く感じるときにも食べやすいです。
麦のかわりにペンネや残りご飯でアレンジもできます。冷やしてもおいしくいただけます。

〈使うソース〉
大葉ジェノバソース（味付け）
→p13

◎材料（4人分）
玉ねぎ …… 約大1個（125g）
かぶ（または大根）…… 約大1個（100g）
カリフラワー …… 約1/2株（75g）
キャベツ …… 約1/10個（75g）
水 …… 750cc
昆布 …… 3cm角
麦 …… 大さじ2
玄米粉（または薄力粉）…… 大さじ5
豆乳 …… 150cc
塩 …… 小さじ1/2　大葉ジェノバソース …… 適量

◎作り方
①野菜はそれぞれ1cmの角切りにする。鍋に野菜、水、昆布、麦、玄米粉を順に入れ、木べらで混ぜ中火にかける。沸いたら弱火にし、野菜が柔らかくなるまで10〜15分煮る。
→豆乳は沸かすと分離するので、最初に玄米粉でとろみをつけます。
②①に豆乳と塩を加え弱火で1分程度煮て火を止める。
③②に大葉ジェノバソースを加え、木べらで混ぜる。
＊季節によってスナップえんどう、空豆、アスパラを入れてもおいしいです

甘い野菜のココット焼き

野菜を蒸し焼きにすると甘さが強まり、ほくほくした食感になります。
ココットがないときは耐熱皿に野菜をのせ、アルミホイルをかぶせて蒸し焼きします。

〈使うソース〉
くるみ味噌(味付け)
→p20

◎材料（4人分）
玉ねぎ …… 約2個(250g)
人参 …… 約1本(150g)
かぼちゃ …… 約1/4個(250g)
キャベツ …… 約1/8個(250g)
かぶ …… 約2個(160g)
塩 …… 2つまみ
オリーブオイル …… 小さじ1
A│くるみ味噌 …… 大さじ2
　│水 …… 大さじ2
　│粒マスタード …… 小さじ2

※オーブンは180℃に温めておく。
◎作り方
①野菜を切る。玉ねぎは厚さ1cmのまわし切り、人参は細めの乱切り、かぼちゃはわたをとりひと口大に切る。キャベツは芯の黒く固い所だけをとり厚さ2cmのまわし切りにする。縦に長い場合はななめに半分に切る。かぶは小さいものは4つ、大きいものは5〜6つにまわし切りにする。
②ココットに高さ5mmの水を入れ、①のキャベツ以外の野菜を入れ塩をふる。ふたをして180℃のオーブンで15〜20分野菜が柔らかくなるまで蒸し焼きにする。キャベツを入れふたをし、さらに5分ほど蒸し焼きにする。
③キャベツが柔らかくなったらオリーブオイルをまわしかけ、ふたをせずに2〜3分少し焦げ目がつくまで焼く。
④Aの材料をボウルに入れて混ぜ、③にかけていただく。

かぶとねぎの和え物

焼くことで野菜の水分を閉じ込め、ジューシーになります。
少し焦げた風味と野菜の甘さの違いを楽しめます。
シンプルですが素材そのままの味を味わって。
大根やれんこんなど、ほかの野菜も試してみてください。

〈使うソース〉
海苔ソース（和える）
→p14

〈ほかに合うソース〉
バルサミコソース
なめたけ
くるみ味噌
白和え

◎材料（4人分）
かぶ …… 約3個（240g）
長ねぎ …… 約1本（150g）
エリンギ …… 約小2本
塩 …… 少々
海苔ソース …… 適量

◎作り方
①かぶは厚さ5mmのまわし切りにし、長ねぎとエリンギは幅1cmのななめ切りにし、それぞれに塩をふる。
②グリルパンまたはフライパンを中火にかけ、①の野菜を火が通るまでじっくり焼く。海苔ソースで和える。

たたきごぼう

繊維が多く腸をきれいにするごぼう。たたくことで短い時間であくを飛ばし柔らかく仕上がるようにしました。夏にも冬にも元気になれるメニューです。

〈使うソース〉
くるみ味噌（和える）
→p20

〈ほかに合うソース〉
白和え

◎材料（4人分）
ごぼう …… 約2本（200g）
しょうゆ …… 小さじ2
くるみ味噌 …… 適量

◎作り方
①ごぼうは洗い、まな板にのせ、上にふきんをかぶせて麺棒で繊維がくずれるくらいたたく。

①繊維がくずれると、火が通りやすくなり味がしみこみます。

②土鍋など厚手の鍋に鍋底から1cmくらいの量の水を入れ中火にかける。沸いたら①のごぼうを入れ弱火にし、ふたをして10〜20分柔らかくなるまで煮る。しょうゆを加え水分を煮詰める。

③②のごぼうを長さ5cmくらいに切り、くるみ味噌と合わせる。

五目白和え

季節を選ばない、バランスのとれた副菜です。
春夏には、春菊を小松菜や水菜などにかえて作ってみてください。

〈使うソース〉
白和え（和える）
→p16

◎材料（4人分）
ひじき（乾燥）…… 15g
切り干し大根 …… 15g
春菊 …… 5本
人参 …… 約中1/4本（30g）
こんにゃく …… 1/3枚
白和え …… 適量

◎作り方
①ひじき、切り干し大根は洗い、切り干し大根は長さ3cmに切る。春菊は洗い、人参はななめ千切りにする。
②こんにゃくは塩（分量外）でもんで薄く切り、さっと茹でてざるにあげる。
③鍋に湯を沸かし、切り干し大根、人参、春菊、ひじきを順にひとつずつ茹で、ざるに広げる。

③水気が残ると水っぽくなるので、茹で上げたら熱いうちにざるに広げて水分を飛ばします。

④③が冷めたら白和えと和える。

豆乳のくず寄せ

豆乳の甘さととろっとした食感がおいしいです。
甘さを引き出すためと、体を冷やしすぎないように塩を加えています。
夏はわさび醤油をかけたり、p86のジンジャーシロップをかけてデザートにするなど
いろいろ楽しんでいただけます。

〈使うソース〉
なめたけ（かける）
→p12

〈ほかに合うソース〉
海苔ソース
香味だれ

◎材料（4人分）
豆乳 …… 350cc
寒天フレーク …… 小さじ1（同量の水で10分ほど戻す）
くず粉 …… 10g（同量の水で溶く）
塩 …… ひとつまみ
なめたけ …… 適量
小ねぎ …… 適量

◎作り方
①鍋に豆乳、寒天、くず粉を入れ、中火にかける。
②鍋底が焦げやすいのでたえず混ぜながら沸かし、塩を加える。

②塩は豆乳の甘さを引き出します。また豆乳は体を冷やすので塩を加えて調和させます。

③弱火で3分煮てあら熱をとる。器に移し冷蔵庫で冷やし固める。食べやすい大きさに切り、なめたけをかけ、小口切りにした小ねぎをそえていただく。

里芋のグリル

大きな栗みたいで見た目にもかわいいおかずです。おつまみにもよく
里芋のかわりにエリンギやしいたけもおすすめです。

〈使うソース〉
くるみ味噌(かける)
→p20

〈ほかに合うソース〉
味噌だれ
大葉ジェノバソース
白和え

◎材料（8個分）
里芋 …… 8個
くるみ味噌 …… 大さじ2

◎作り方
①里芋は洗い、皮つきのまま鍋に入れる。ひたひたの水を入れ、中火にかけ沸いたら弱火にし、3〜5分柔らかくなるまで茹でる。

①里芋は皮をむくと水っぽくなるので皮ごと茹でて使います。

②里芋の皮に包丁を1周入れ、半分の皮をとる。
③上にくるみ味噌をのせ、180℃のオーブンまたは魚焼き用のグリルで3〜5分焼き目がつくまで焼く。

かぼちゃサラダ

かぼちゃのほくほくをおいしく味わえるメニューです。
夏は冷やして、冬は温かいまま温サラダにもなります。

〈使うソース〉
白和え（和える）
→p16

〈ほかに合うソース〉
大葉ジェノバソース

◎作り方
①白和えに梅酢を加え、泡立て器で混ぜる。
②かぼちゃはひと口大に切り、塩をふり5〜8分蒸す。
③玉ねぎ、人参は千切りに、きゅうりは薄い輪切りにし、塩でもみ軽くしぼる。
④②のかぼちゃが冷めたら①と③を加えボウルで和える。

◎材料（4人分）
白和え …… 約300g
梅酢 …… 大さじ1
かぼちゃ …… 約中1/2個（600g）
玉ねぎ …… 約中1/5個（20g）
人参 …… 約小1/2本（40g）
きゅうり …… 1/2本（70g）
塩 …… 少々

ズッキーニの味噌煮

シンプルですがズッキーニと味噌がよく合います。
上にちらしたごまが風味よく、アクセントにもなります。

〈使うソース〉
味噌だれ（味付け）
→p20

◎材料（4人分）
ズッキーニ …… 5本
塩 …… ひとつまみ
ごま …… 小さじ2
ごま油 …… 小さじ2
味噌だれ …… 200ｇ（p20で紹介している量の2倍）

◎作り方
①ズッキーニは乱切りにし塩をふる。ごまは炒ってする。
②フライパンにごま油を熱し、ズッキーニを中火で炒める。全体がしんなりして焼き色がついてきたら、味噌だれを絡め、弱火にし2〜3分煮る。
③器に盛り、①のごまをふる。

かぶと柑橘のみぞれ和え

みずみずしくさっぱりした最高の箸休めです。
キャベツ、白菜、夏はそうめんなど、お好きな季節の食材と楽しく組み合わせてどうぞ。

〈使うソース〉
ポン酢（和える）
→p19

◎材料（4人分）
青菜（小松菜、かぶの葉、菜の花など）……1袋
かぶ……約大2と1/2個（250g）
ポン酢……大さじ3〜4
オリーブオイル……小さじ1/2
柑橘（甘夏、みかんなど農薬を使っていないもの）……50g
柑橘の皮……小さじ1/4
＊農薬を使っている柑橘の皮は使わないこと

◎作り方
①青菜は根の部分をそうじして洗い、茹でてざるに上げる。
②かぶはすりおろし、ポン酢とオリーブオイルを加え混ぜる。
③柑橘は皮をむき実はほぐす。柑橘の皮は千切りにし、実と一緒に②に加え、①の青菜を浸す。

③柑橘を加えると甘酸っぱい爽やかな風味になります。

④青菜を食べやすい長さに切り、器に盛る。

いろいろきのこのマリネ

日持ちするので作っておくと便利です。
トーストしたパンにのせたり、パスタソースにもなります。

〈使うソース〉
バルサミコソース
（味付け）
→p16

◎材料（8個分）
玉ねぎ …… 約小1と1/2個（150g）
きのこ（しいたけ、エリンギ、しめじ、マッシュルームなど）…… 300g
水 …… 100cc
ローリエ …… 1枚
バルサミコソース …… 大さじ5（100g）
オリーブオイル …… 小さじ1

◎作り方
①玉ねぎは厚さ1cmのまわし切りにし鍋に入れ、ウォーターソテー（p22）する。
②きのこに塩（分量外）をふり、それぞれひと口大に切る。①に入れて水を加え中火にかける。沸いてきたら弱火にしローリエを入れ、ふたをして10分煮る。
③バルサミコソースとオリーブオイルを入れ、ひと煮立ちさせる。
④器に入れ、あら熱がとれたら冷蔵庫で冷やす。

カリフラワーのホットサラダ

蒸し煮の水をごく少量にすることで、野菜の甘さを凝縮させます。
かぼちゃの種ディップのコクが相性よく、冷めてもおいしいです。

〈使うソース〉
かぼちゃの種ディップ
（和える）
→p17

◎材料（4人分）
カリフラワー …… 約大1株（300g）
スナップえんどう …… 約10本
塩 …… ひとつまみ
かぼちゃの種ディップ …… 大さじ5（100g）

◎作り方
①カリフラワーはひと口大に切り、スナップえんどうはすじをとりななめ半分に切る。
②鍋に鍋底から1cmの量の水を入れ、中火にかけ沸いたらカリフラワーとスナップえんどうを入れ、塩を加える。もう一度沸いたら弱火にし、ふたをして2〜3分蒸し煮にする。
③ふたをあけ水分を煮詰めかぼちゃの種ディップと和える。
＊スナップえんどうのかわりにいんげんやキャベツを使ってもおいしい

COLUMN 2
器のこと

お店の器は、色、形、大きさ、古いもの、作家さんのものなど、さまざまな種類を揃えています。

　お店には、同じ器はほとんどありません。繊細なものより丈夫でシンプルな器が多いのは、ひとつには毎日何度も使うということもありますが、同時に、ベースカフェの料理はシンプルなおいしさを大切にしていますので、器もシンプルな方がお互いを引き立て合えるのではないかと思っているからです。

　盛り付けで器を選ぶときは、料理を盛ったときの全体の色味や、料理と器が自然になじむように考えるだけでなく、いらしたお客さまに似合うようなものを選ぶことをとても大切にしています。

　私自身は、しぶい器が好きなようです。「自然に」とか「偶然に」という言葉に惹かれる私には、土や火や人の偶然の力が加わっている器がとても格好よく魅力的に感じるのです。また、一方で、作家さんの意図があるものも、とても好きです。どうしてこの大きさや形なのかな、と考えていると、自分の想像の枠を超えて新しい料理のイメージが湧いてきます。それは私にはとても楽しい時間でもあります。

CHAPTER 4
ストックおかず

毎日の食事や、毎朝のお弁当に
忙しいときにあると便利なおかずです。
定番の常備菜を中心に、日持ちするおかずを集めました。

板麩の甘辛煮
⇒ 作り方 p.68

油揚げのしょうが焼き
⇒ 作り方 p.68

野菜のかき揚げ
⇒ 作り方 p.69

ごぼうときのこの高野豆腐フリット
⇒ 作り方 p.69

板麩の甘辛煮

＊冷蔵庫で5日ほど保存可能

板麩ととりどり野菜の甘辛煮は、ごはんが進む味。お弁当のおかずにぴったりです。
干ししいたけと野菜の旨みを、車麩にしっかりと吸わせて。ごはんにのせて丼にしても。

◎材料（4人分）
板麩 …… 1枚（20g）
玉ねぎ …… 1個（200g）
人参 …… 1本（150g）
長芋 …… 1/2本（200g）
しらたき …… 1/2袋
干ししいたけ …… 1個
水 …… 200cc
しょうゆ …… 大さじ3
みりん …… 大さじ1と1/2
ごま油 …… 小さじ1/2

◎作り方
①玉ねぎは1cmのまわし切り、人参、長芋は乱切り、しらたきは下茹でして長さ3cmのざく切りにする。
②鍋にごま油を熱し、①の玉ねぎと人参を弱火で炒める。甘い香りがしてきたら、幅2cmに割った板麩、①の長芋としらたき、干ししいたけ、分量の水を加え、中火にする。沸いたら弱火にして、ふたをして10分煮る。干ししいたけは一度取りだし、厚さ1cm弱にまわし切りして戻し入れる。
③②にしょうゆ、みりんを加え、水分がなくなるまで煮詰める。

油揚げのしょうが焼き

＊冷蔵庫で5日ほど保存可能

油揚げと玉ねぎだけのシンプルなしょうが焼きは、肉に負けないおいしさです。
少量のくず粉を加えることで、とろみがつき、油揚げに調味料がよくからみます。

◎材料（4人分）
油揚げ …… 4枚
玉ねぎ …… 1と1/2個（330g）
A　しょうゆ …… 大さじ2と1/2
　　水 …… 大さじ2
　　みりん …… 大さじ1
　　くず粉 …… 小さじ1
しょうが（すりおろし）…… 20g

◎作り方
①油揚げはひと口大にちぎり、フライパンで両面を中火で焼いて取り出す。
②玉ねぎは1cmのまわし切りにして、①のフライパンで中火で炒める。
③②に、すり鉢で合わせたA、①を加える。くず粉に火が通り、水分がなくなるまで煮詰め、しょうがを加える。

野菜のかき揚げ

＊揚げたてがおいしいが、冷蔵庫で2日ほど保存可能。トースターで温めるとよい。

衣に加えたカットわかめがポイントのかき揚げ。野菜は、きのこなど好みのもので代用しても構いません。たれは、すりおろし野菜ソース（p.93）もよく合います。

◎材料（4人分）
玉ねぎ、人参、かぼちゃ、かぶ …… 各50g
カットわかめ …… 小さじ1
A　地粉　50g
　　水 …… 100cc
揚げ油（なたね油）…… 適量
（たれ）
　　しょうゆ …… 大さじ2と1/2
　　みりん …… 大さじ1
　　水 …… 125cc
　　くず粉 …… 小さじ2
　　昆布 …… 2cm角
　　干ししいたけ …… 1/2個
　　大根（すりおろし）…… 30g
　　しょうが（すりおろし）…… 5g

◎作り方
①玉ねぎは1cmのまわし切り、人参は3mmのななめ切りにしてから5mm幅に切る。かぼちゃは1.5cmの角切り、かぶは1cmのまわし切りにして、すべての野菜に、それぞれ塩ひとつまみ（分量外）をふる。
②ボウルにAを入れ、泡立て器で混ぜる。カットわかめを加えて軽く混ぜ、①の野菜を入れてスプーンで混ぜる。
③たれを作る。鍋にしょうが以外の材料を入れ中火にかける。沸いたらそのまま3分煮て、しょうがを加える。
④②を170℃の揚げ油でこんがりとした色になるまで揚げ、③をかけていただく。

ごぼうときのこの高野豆腐フリット

＊揚げ焼き前（②の工程）の状態で、冷蔵庫で3日ほど保存可能

細かく砕いた、ごぼう、きのこ、高野豆腐を揚げたナゲット風。味付けはシンプルにしょうゆだけ。袋の中で混ぜ合わせるから、後片付けもラクチンな一品です。

◎材料（4人分）
ごぼう …… 1/4本（50g）
高野豆腐 …… 2枚
きのこ（まいたけ、エリンギ、しいたけなど合わせて）…… 50g
地粉 …… 30g
しょうゆ …… 大さじ1
なたね油 …… 適量

◎作り方
①厚手のビニール袋にごぼうを入れ、めん棒で叩いてつぶす。高野豆腐は水で戻し、手で割りながら加え、さらにつぶす。同様にきのこを入れてつぶす。

少し形が残る程度につぶすと、食感がありおいしいです。ふきんなどの上において作業するとよいでしょう。

②①に地粉、しょうゆを加え、揉み混ぜる。
③フライパンに多めのなたね油を熱し中火にかける。②を2〜3cmに広がるよう、スプーンですくい落とし、こんがりとした色になるまで揚げ焼きにする。
＊焦げやすいので、注意しながら揚げましょう。

ひじきの五目煮
⇒ 作り方 p.72

かぼちゃの磯辺煮
⇒ 作り方 p.72

きんぴらごぼう
⇒ 作り方 p.73

切り干し大根煮
⇒ 作り方 p.73

ひじきの五目煮

＊冷蔵庫で5日ほど保存可能

調味料はしょうゆだけ。海藻や野菜の旨みを存分に引き出した五目煮です。
副菜おかずとしてはもちろん、ごはんに混ぜて、ひじきごはんにしてもおいしい。

◎材料（4人分）
芽ひじき …… 25g
大豆 …… 50g
水 …… 150cc
ごぼう …… 1/3本（75g）
人参 …… 1/2本（75g）
こんにゃく …… 1/4枚
干ししいたけ …… 1個
しょうゆ …… 大さじ2〜3
水 …… 400cc

◎作り方
①大豆は洗い、分量の水（150cc）に半日ほど浸水させる。
＊時間のないときは、洗って30分ほど浸水させ、フライパンを弱火にかけて大豆を入れ、焦げないように空炒りしてから使うとよいでしょう。
②芽ひじきは洗って5分水に浸け、ざるに上げる。ごぼうは3mmのななめ切り、人参は3mmのななめ切りにしてから幅3mmに切る。こんにゃくは1cm角に切り下茹でする。
③厚手の鍋に分量の水（400cc）、①、②のごぼう、干ししいたけを入れて中火にかける。沸いたら弱火にして、ふたをして15分煮る。干ししいたけは一度取りだし、厚さ4〜5mmにまわし切りして戻し入れる。
④③に②の芽ひじき、人参、こんにゃくを入れ、10分煮る。
⑤しょうゆを鍋肌からまわし入れ、水分がなくなるまで煮詰める。

かぼちゃの磯辺煮

＊冷蔵庫で5日ほど保存可能

定番のかぼちゃ煮も、青のりを加えることで驚くほど風味豊かになります。
青のりの爽やかな香りが損なわれないよう、さっと煮るのがポイントです。

◎材料（4人分）
かぼちゃ …… 1/4個（200g）
水 …… 200cc
しょうゆ …… 大さじ1
青のり …… 大さじ1

◎作り方
①かぼちゃは4cm角に切る。
②鍋に①と分量の水を入れ中火にかける。沸いたら弱火にして、ふたをして3〜5分、かぼちゃが柔らかくなるまで煮る。
③鍋肌にしょうゆをまわし入れ、青のりを加える。さらに30秒ほど煮る。

きんぴらごぼう

*冷蔵庫で5日ほど保存可能

調味料はしょうゆだけですが、ごぼうと人参の甘みが口いっぱいに広がります。
ごぼうは弱火でじっくりと炒めることで、アクが抜けて甘みが引き立ちます。

◎材料(4人分)
ごぼう …… 1/2本(60g)
人参 …… 2/5本(60g)
しょうゆ …… 小さじ1〜2
水 …… 100cc
ごま油 …… 小さじ1/2

◎作り方
①ごぼう、人参は3〜5mmのななめ切りにしてから、幅3〜5mmに切る。
②フライパン(または厚手の鍋)にごま油を熱し、①のごぼうを入れ、しんなりとするまで弱火でじっくり炒める。
＊アクが抜けて甘さが出るまで炒めます。途中で焦げそうになったら、少量の水を加えながら炒めます。
③②に①の人参と分量の水を加え、中火にする。沸いたら弱火にして、ふたをして10分蒸し煮にする。
④鍋肌にしょうゆをまわし入れ、水分がなくなるまで煮詰める。

切り干し大根煮

*冷蔵庫で5日ほど保存可能

切り干し大根の滋味深い旨みに、人参と油揚げ、干ししいたけを加えました。
時間をかけて煮ることで、切り干し大根にも味がよくしみ込みます。

◎材料(4人分)
切り干し大根 …… 50g
人参 …… 1/3本(45g)
油揚げ …… 1枚
干ししいたけ …… 1/2個
水 …… 300cc
しょうゆ …… 大さじ1〜1と1/2

◎作り方
①切り干し大根はほぐしながら洗う。ざるに上げて水けを切り、幅3cmのざく切りにする。
②人参は3mmのななめ切りにしてから、幅3mmに切る。油揚げは横に長く半分に切り、さらに幅5mmに切る。
③鍋に①、②、干ししいたけ、分量の水を入れて中火にかける。沸いたらふたをして10分煮る。干ししいたけは一度取りだし、厚さ4〜5mmにまわし切りして戻し入れる。
④鍋肌にしょうゆをまわし入れ、水分がなくなるまで煮詰める。

あらめとれんこんの梅煮
⇒ 作り方 p.76

大根の高菜煮
⇒ 作り方 p.76

根菜のごま味噌煮
⇒ 作り方 p.77

さつまいもとわかめのしょうが煮
⇒ 作り方 p.77

あらめとれんこんの梅煮

＊冷蔵庫で5日ほど保存可能

柔らかな食感のあらめとれんこんに、梅を加えてさっぱりとした煮ものに。
玉ねぎはじっくりとウォーターソテーして、まろやかな甘みを引き出します。

◎材料（4人分）
あらめ …… 15g
れんこん …… 1/4節（50g）
玉ねぎ …… 1/4個（50g）
梅干し …… 小2個（または大1個）
水 …… 200cc
しょうゆ …… 小さじ1〜2

◎作り方
①あらめは洗ってざるに上げる。れんこんは薄いイチョウ切り、玉ねぎは薄いまわし切りにする。
②鍋に少量の水（分量外）を入れて中弱火にかける。沸いたら弱火にして、①の玉ねぎを入れる。
③玉ねぎがしんなりとして甘い香りがしてきたら、①のあらめとれんこん、梅干し、分量の水を加えて中火にする。沸いたら弱火にして、ふたをして10〜15分、れんこんが柔らかくなるまで煮る。
④鍋肌にしょうゆをまわし入れ、水分がなくなるまで煮詰める。

大根の高菜煮

＊冷蔵庫で5日ほど保存可能

大根と厚揚げ、高菜漬けに、水としょうゆだけの、シンプルな高菜煮。
滋味深い味わいで、ごはんによく合います。厚揚げの代わりに油揚げでも。

◎材料（4人分）
大根 …… 1/5本（250g）
厚揚げ …… 1/2袋
高菜漬け …… 35g
水 …… 250cc
しょうゆ …… 大さじ1

◎作り方
①大根は2〜3cmの乱切りにする。厚揚げは半分に切り、大根と同じくらいの大きさの乱切りにする。高菜漬けは大きければ幅1cmに刻む。
②鍋に①の大根と厚揚げ、分量の水を入れて中火にかける。沸いたら弱火にして、ふたをして5分煮る。
③②に①の高菜漬け、しょうゆを加えてひと煮立ちさせる。

根菜のごま味噌煮

＊冷蔵庫で5日ほど保存可能

麦味噌と白ごまのねっとりとした味が、根菜類と絶妙にマッチします。
ごまは黒ごまを使うと香ばしさが加わり、また違ったおいしさに。

◎材料（4人分）
ごぼう …… 1/4本（50g）
人参 …… 1/3本（50g）
れんこん …… 1/4節（50g）
里芋 …… 1個（50g）
水 …… 200cc
白ごま（または黒ごま） …… 10g
麦味噌 …… 小さじ2
しょうゆ …… 小さじ1

◎作り方
①根菜はそれぞれ1.5cmくらいの乱切りにする。
②鍋に①と分量の水を入れて中火にかける。沸いたら弱火にして、ふたをして15〜20分煮る。
③すり鉢に、炒ったごまを入れてすり、麦味噌、しょうゆを加えてさらにすり混ぜる。
④②の根菜が柔らかくなったら、③を加えてひと煮立ちさせる。

さつまいもとわかめのしょうが煮

＊冷蔵庫で5日ほど保存可能

さつまいもの甘みに、しょうがのピリッとした辛みと、わかめの風味を
合わせた煮もの。わかめの粘りが出て、全体の味がよく絡みます。

◎材料（4人分）
さつまいも …… 1本（200g）
天日干しわかめ …… 5g
　（カットわかめの場合は2g）
しょうが（千切り） …… 5g
水 …… 200cc
しょうゆ …… 小さじ2

◎作り方
①さつまいもは縦4つに切ってから、幅1.5cmに切る。塩水適量（分量外）に浸ける。わかめは水に戻しておく。
②鍋に、水けを切った①のさつまいもとわかめ、しょうが、分量の水を入れて中火にかける。沸いたら弱火にして、ふたをして、さつまいもが柔らかくなるまで3〜5分煮る。
③鍋肌にしょうゆをまわし入れ、30秒ほど煮る。

カリフラワーのピクルス
⇒ 作り方 p.80

白菜と切り干し大根の柑橘マリネ
⇒ 作り方 p.80

テンペのエスカベッシュ
⇒ 作り方 p.81

ラタトゥイユ
⇒ 作り方 p.81

カリフラワーのピクルス

＊冷蔵庫で5日ほど保存可能

カリフラワーの食感がおいしいピクルス。白たまりと昆布を加えることで、ごはんに合う洋風漬物に。カリフラワーの代わりにかぶでもおいしくできます。

◎材料（4人分）
カリフラワー …… 1/2株（100g）
A　水 …… 400cc
　　白たまり（小麦で作ったしょうゆ）
　　　…… 大さじ2
　　ローリエ …… 1枚
　　昆布 …… 4cm角
レモン（皮付き）…… 40g

◎作り方
①カリフラワーは小さめのひと口大に切る。
②小鍋にAを入れて中火にかける。沸いたら①を入れて1分ほど煮て、瓶に移す。粗熱が取れたらレモンを搾り入れて冷やす。

白菜と切り干し大根の柑橘マリネ

＊冷蔵庫で5日ほど保存可能

白菜の漬けものにもひと工夫して。切り干し大根の食感と、フレッシュな柑橘類でマリネにしました。仕上げに白たまりを加えて、風味とコクを加えます。

◎材料（4人分）
白菜の葉 …… 2枚（200g）
塩 …… 小さじ1/2
切り干し大根 …… 25g
柑橘（甘夏、みかん、黄金柑など正味）…… 100g
白ごま …… 大さじ1
白たまり（小麦で作ったしょうゆ）
　…… 大さじ1

◎作り方
①白菜の葉は繊維に沿って3cmくらいに手でちぎり、ボウルに入れて塩で揉む（白菜から出る水分は残しておく）。
②切り干し大根は洗い、下茹でしてざるに上げる。水けを絞り、幅3cmのざく切りにする。
③柑橘は大きい房のものは2〜3等分に切る。ごまは炒ってからすり鉢でする。
④①のボウルに②、③、白たまりを加えて手で混ぜる。

テンペのエスカベッシュ

＊冷蔵庫で5日ほど保存可能

エスカベッシュとは、小魚と香味野菜をビネガーやオイルに浸けたマリネ。
小魚の代わりにテンペを使い、たっぷりの野菜で仕上げました。

◎材料（4人分）
テンペ …… 2枚
玉ねぎ …… 約2/3個（140g）
人参 …… 約1/3本（60g）
セロリ …… 1/3本（30g）
ローリエ …… 1/2枚
A　しょうゆ …… 大さじ5
　　純米酢 …… 大さじ5
　　米あめ …… 大さじ1と小さじ1
　　水 …… 140cc
揚げ油（なたね油）

◎作り方
①鍋にAを入れて混ぜる。
②玉ねぎ、人参、セロリは芯と葉の部分を千切りにして、葉の部分は取り分けておく。
③①の鍋に②（セロリの葉は入れない）とローリエを入れて中火にかける。沸いたら弱火にして、ふたをして3分煮る。
④テンペは幅1.5cmに切り、素揚げして③に加える。粗熱が取れたら、②のセロリの葉を加えて軽く混ぜる。

ラタトゥイユ

＊冷蔵庫で5日ほど保存可能

野菜は、旬のものなど、お好みのものを。麦味噌としょうゆ、昆布と、和の調味料を使っていますが、パン、パスタなどとも相性抜群です。

◎材料（4人分）
玉ねぎ …… 約2/3個（150g）
人参 …… 1/3本（50g）
パプリカ（黄・赤） …… 各1/6個（25g）
　（どちらかを1/3個でもよい）
ズッキーニ …… 2/3本（125g）
トマト（またはホールトマト缶） …… 1個（150g）
昆布 …… 2cm角
ローリエ …… 1枚
A　麦味噌 …… 小さじ2
　　しょうゆ …… 小さじ2
塩 …… 小さじ1/2
オリーブオイル …… 小さじ1

◎作り方
①玉ねぎは縦に6等分に切ってから横半分に切る。人参とパプリカは乱切り、ズッキーニは幅1cmの輪切り、トマトは3cm角に切る（ホールトマトの場合は手でつぶす）。
②鍋にオリーブオイルを熱し、①の玉ねぎと人参を入れて炒める。玉ねぎがしんなりとしたら、①のパプリカとズッキーニとトマト、昆布、ローリエを加え、ふたをして5分煮る。
③②の水分が出てきたら木べらで混ぜ、すり鉢で合わせたAを加える。ふたをして10〜15分、野菜が柔らかくなるまで煮て、塩を加える。

COLUMN 3
手軽に作れる、ごはんのおとも

豆や野菜、常備菜を混ぜたり炊き込んだりしたごはんは、それだけで満足。お漬けものやふりかけも欠かせません。

しょうが味噌の漬けもの
＊野菜は冷蔵庫で3日ほど保存可能。味噌床は繰り返し使用できる

◎材料(作りやすい分量)
- 麦味噌 …… 120g
- 玄米甘酒 …… 60g
- しょうが(すりおろし) …… 20g
- 大根 …… 5cm
- 人参 …… 5cm
- きゅうり …… 5cm

◎作り方
① すり鉢に麦味噌、玄米甘酒を入れて混ぜ、しょうがを加える。
② 保存容器に①を入れて野菜を漬け、冷蔵庫に一晩おく。
③ ②の野菜をお好みの大きさにカットする。

＊ぬか漬けのように何度も漬けて楽しめます。水分が出たらペーパーでおさえ、調味料を足します。

大葉しょうゆの漬けもの
＊冷蔵庫で3日ほど保存可能。たれは繰り返し使用できる

◎材料(作りやすい分量)
- しょうゆ …… 75cc
- 水 …… 150cc
- 大葉 …… 20枚
- 大根 …… 5cm
- 人参 …… 5cm
- きゅうり …… 5cm

◎作り方
① 鍋にしょうゆと水を入れてひと煮立ちさせる。粗熱が取れたら、細かくちぎった大葉を加える。
② 保存容器に①を入れて野菜を漬け、冷蔵庫に一晩おく。
③ ②の野菜をお好みの大きさにカットする。

＊たれは、冷ややっこに合わせたり、ごはんのおともにもなります。

アーモンドふりかけ
＊冷蔵庫で1週間ほど保存可能

◎材料(作りやすい分量)
- アーモンドプードル …… 50g
- A 梅酢 …… 小さじ2
-   白たまり(小麦で作ったしょうゆ) …… 小さじ2
-   白味噌 …… 小さじ2

◎作り方
① すり鉢にAを入れて混ぜ、ボウルに移してアーモンドプードルを加えて混ぜる。
② 天板に①を薄くのばし、130℃のオーブンで5〜10分、軽く焼き色が付くまで焼く。
③ 冷めたらすり鉢に入れてすり混ぜる(またはフードプロセッサーにかけて粉状にする)。

＊粉チーズのような風味です。パスタやごはん、スープにもよく合います。

大根葉とわかめのふりかけ
＊冷蔵庫で5日ほど保存可能

◎材料(作りやすい分量)
- 大根葉 …… 1株分(50g)
- カットわかめ …… 大さじ1
- 白ごま …… 大さじ1
- しょうゆ …… 小さじ1

◎作り方
① 大根葉はみじん切りにする。
② すり鉢にカットわかめを入れ、すり混ぜて細かくする。
③ フライパンを中弱火にかけ、①、②を入れて木べらで混ぜながら大根葉の水分を飛ばす。パラパラとしてきたら、ごまを加える。ごまがはじけたら火を止め、しょうゆをまわし入れて軽く混ぜる。

COLUMN 4
ディップ感覚で楽しむ、パンのおとも

おいしいパンとディップがあれば、パンの日も嬉しい。
おかず風とスイーツ風、それぞれ4種をご紹介します。

きのこクリーム
＊冷蔵庫で5日ほど保存可能

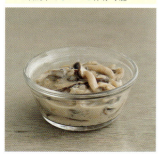

◎材料（350g）
きのこ …… 250g
（まいたけ、しめじ、マッシュルーム、しいたけ、エリンギなど合わせて）
玉ねぎ …… 1/4個（50g）
A　豆乳 …… 100cc
　　水 …… 100cc
　　玄米粉（または小麦粉）…… 大さじ2
　　しょうゆ …… 大さじ1と1/2
昆布 …… 2cm角
ローリエ …… 1/2枚
塩 …… 少々

◎作り方
①まいたけ、しめじは小房に分ける。マッシュルーム、しいたけは厚さ5mmに切る。エリンギは、大きいものは縦4つ、小さいものは縦2つに切ってから、ななめ薄切りにする。玉ねぎは大きめのみじん切りにする。
②鍋にAを入れ、泡立て器で混ぜる。中弱火にかけ、沸いたら①を入れる。もう一度沸いたら、弱火にして昆布とローリエを加えて、ふたをして10分煮る。
③塩で味を調え、保存容器に入れる。冷蔵庫で冷やしていただく。

レンズ豆のパテ
＊冷蔵庫で5日ほど保存可能

◎材料（250g）
赤レンズ豆 …… 100g
水 …… 200cc
昆布 …… 1cm角
ハーブスパイス …… 適量
（ローズマリー、ローリエ、クミンなど）
A　タヒニ（またはなたね油）…… 大さじ1
　　しょうゆ …… 小さじ2
　　梅酢（またはレモン汁）…… 小さじ1/2
　　しょうが（すりおろし）…… 5g

◎作り方
①鍋に赤レンズ豆と分量の水を入れて中弱火にかける。沸いたら弱火にして、あくを取る。昆布とハーブを加え、ふたをして10分煮る。
②①の赤レンズ豆が柔らかくなったら、火から下ろし、Aを加え木べらでつぶし混ぜる。保存容器に入れ、冷蔵庫で冷やしていただく。

いちごの塩ジャム
＊冷蔵庫で3日ほど保存可能

◎材料（180g）
いちご …… 1パック（約300g）
塩 …… 多めのふたつまみ

◎作り方
①いちごは、へたを取り縦4つに切る。
②鍋に①を入れ、塩をふる。弱火にかけ、いちごから水分が出てきたら、火を強めて煮詰める。
③水分がなくなったら、味を見て、甘さが足りなければ、お好みでてんさい糖適量（分量外）を加え混ぜる。保存容器に入れ、冷蔵庫で冷やしていただく。

豆乳カスタード
＊冷蔵庫で3日ほど保存可能

◎材料（300g）
ライス＆ソイ …… 300cc
くず粉 …… 15g
米あめ …… 大さじ1
メープルシロップ …… 大さじ1
バニラビーンズ …… 1cm
塩 …… ひとつまみ
＊ライス＆ソイは、玄米の甘みを加えたノンシュガーの豆乳です。

◎作り方
①バニラビーンズは縦半分に切る。小鍋にすべての材料を入れて泡立て器で混ぜ、くず粉が溶けたら中弱火にかける。沸いたら弱火にして、1分煮てからバットに移し、ラップをかけて粗熱を取る。保存容器に入れ、冷蔵庫で冷やしていただく。

COLUMN 5
お弁当にする場合

1 冷めてもおいしく、味付けはしっかり。
　油でコクを出します。

今回、ご紹介するおかずは、普段よりも味付けをしっかりしています。カフェではウォーターソテー（少量の水で食材を炒める）で油を使わないことが多いのですが、お弁当では満足感を出すために使います。油を使うことでコクが出て、冷めてもおいしく食べられます。

2 ひとつのお弁当に五味すべてが
　入るように組み合わせます。

バランスがよくおいしいと感じるのは、甘い、酸っぱい、塩辛い、苦い、辛いの五味が揃っていることです。ごはんとおかずを組み合わせたとき、なるべくこの五味が入るように心掛けると、おいしいことはもちろん、栄養面もバランスの取れたお弁当になります。

3 「おかずの素」のアレンジで、
　味もボリュームも変化させます。

日持ちのする「おかずの素」を作っておけば、揚げものや、煮ものにするなど、調理法によってさまざまなおかずに変身します。味付けや合わせる食材を変えれば、食べたときの印象はもちろん、ボリュームにも変化が出て、おかずのバリエーションが広がります。

4 なくてもいいけれど……の
　＋α食材でバランスよく仕上げます。

たとえば、かぼちゃの煮ものにしても、しょうゆで煮るだけでなく、最後に青のりを加えることで、風味がよくなり、栄養面もカバーできます。こういった＋αの食材を加えることで、いつものおかずに変化がつき、五味のバランスを整えることにもつながります。

詰め方と工夫

◎おかずはしっかり冷ましてから。
　水分は切ってから入れます。

衛生面を考えて、おかずは、粗熱が取れてから詰めます。水分のあるおかずは、それ自体に味が付いているので、基本的には水分を切ってから入れるとよいでしょう。

◎お弁当箱や仕切りは、
　自然素材のものがおすすめです。

こちらも衛生面から、通気性のよいものを選びます。紙や竹、輪っぱなどのお弁当箱は、通気性がよくおすすめです。仕切りも、経木やワックスペーパーのものを使いましょう。

◎茹で野菜や蒸し野菜、
　ごはんのおともは彩りに便利です。

お弁当の彩りには、茹で野菜や蒸し野菜が重宝します。また、ふりかけや梅干しなどをストックしておけば、好みに応じて、彩りと味の仕上げにプラスできます。

◎ごはん、大おかず、小おかずの順に詰め、
　隙間を埋めていきます。

ごはんを詰めてから、主菜、副菜という順番で詰めるときれいに仕上がります。最後に、隙間に茹で野菜や常備菜を詰めるとよいでしょう。持ち歩くことを考えて、なるべくきっちり詰めます。

CHAPTER 5
スイーツ

見た目にもボリュームがあるベースカフェのスイーツ。自然な甘みだけを使い、素材の味を楽しめるように考えています。お店の人気メニューを中心にご紹介しています。

豆腐のチーズケーキ

焼きりんご

豆腐のチーズケーキ

白味噌、アーモンドプードル、地粉やくず粉を入れ、
ねっとりとした食感を出しました。
酸味のある手作りの苺ジャムをアクセントにしています。
クッキー生地無しでココットなどの耐熱皿に入れ、
そのまま焼いてもよいです。

〈使うソース〉
豆腐クリーム（生地）
→p21

◎材料（直径18cm 丸型1台分）
（苺ジャム でき上がり120〜150g）
※季節や苺の水分によって異なる
苺 …… 約300g（1パック）
塩 …… 3つまみ

A
豆腐クリーム …… 約600g（豆腐2丁分）
地粉 …… 60g
くず粉 …… 15g
アーモンドプードル …… 40g
白味噌 …… 70g
レモンの皮（農薬を使っていないもの）…… 1/2個分

市販のクッキー …… 適量

※オーブンは160℃に温めておく。
◎作り方
①苺ジャムを作る。苺はヘタをとり丸ごと使う。鍋に苺と塩を入れ弱火で煮る。

①少し水分が残るくらいまで煮詰めます。

②Aをすり鉢またはフードプロセッサーに入れ混ぜる。
③クッキーを袋に入れ麺棒などでたたき、型に敷く。
④①と②をボウルで軽く合わせ③に流し、160℃のオーブンで40分焼く。

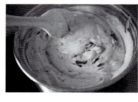 

④マーブル状になるように軽く混ぜ、模様がくずれないように3回ほどに分けて型に流します。

焼きりんご

りんごを丸ごといただくおやつです。
レーズンから出た甘さとりんごの甘酢っぱさが相性よく、
温かいままでも冷たくしてもおいしいです。
りんごは煮くずしてジャムのようにしてもよいです。
クッキー生地と合わせて、
アップルパイのようにしても楽しめます。

〈使うソース〉
豆腐クリーム（はさむ）
→p21

◎材料（4個分）
りんご …… 4個
てんさい糖 …… 大さじ2
水 …… 300cc
レーズン …… 20g
くるみ …… 10g
豆腐クリーム …… 適量

◎作り方
①りんごは洗い横に3つに切る。

②鍋にてんさい糖をふり入れ、中火にかける。①のりんごを1枚ずつ入れて水を注ぎレーズンとくるみを加え、沸いたら弱火にする。ふたをして5〜10分蒸し煮にし、しんなりしてきたら裏返す。さらに5〜10分煮て柔らかくなったらふたをとり水分を煮詰める。

②りんごから出た水分をりんごに戻し甘みを凝縮します。

③器に豆腐クリームをのせその上に②のりんごを1枚のせる。残りも同じようにミルフィーユのように重ねていく。レーズンとくるみをちらす。

ジンジャーシロップのピーナツバター白玉団子

白玉に中身を入れるのがひと手間ですがトロッと出るディップがたまりません。
シロップは日持ちするので、番茶やお湯で割って飲むなどホッとしたいときにも。

〈使うソース〉
ピーナツバター (包む)
→p21

◎材料（白玉12個分）
白玉粉 …… 100g
水 …… 100cc〜
ピーナツバター …… 小さじ6
（ジンジャーシロップ　作りやすい分量）
しょうが（薄切り）…… 62g
米あめ …… 100g
塩 …… ひとつまみ

◎作り方
①ジンジャーシロップの材料をびんに入れて2〜3時間置く。
②白玉粉に水を少しずつ加えよくこねる。

①ジンジャーシロップは冷蔵庫で1週間ほど保存できます。冬は番茶、夏はソーダで割るとおいしいです。

③ピーナツバターがはみ出ないよう、包み込むように丸めていきます。

③②を薄く伸ばし、ピーナツバター小さじ1/2程度ずつを包む。
④③を茹でて冷水にとり冷ます。
⑤ジンジャーシロップ大さじ4を200ccのお湯または冷水で割り④を浮かべる。

ピーナツバターとキャロブのマフィン

キャロブのかわりにレーズンや蒸したかぼちゃも合います。
玄米甘酒を使うことで冷めても固くなりません。基本のマフィン生地として使用できます。

〈使うソース〉
ピーナツバター（生地）
→p21

◎材料（直径7cmのマフィン型6個分）

A
- 全粒粉 …… 90g
- 地粉 …… 30g
- アーモンドプードル …… 30g
- ベーキングパウダー …… 8g

B
- メープルシロップ …… 20g
- 玄米甘酒 …… 20g
- なたね油 …… 大さじ2
- 豆乳 …… 90cc
- 塩 …… ひとつまみ

キャロブチップ …… 30g　ピーナツバター …… 50g

※オーブンは170℃に温めておく。
◎作り方
①AとBを別々のボウルに入れそれぞれを泡立て器で混ぜる。
②BにAを加えて混ぜキャロブチップ、ピーナツバターを加え、さっくりと混ぜ合わせる。型に流し入れ170℃のオーブンで20〜25分焼く。

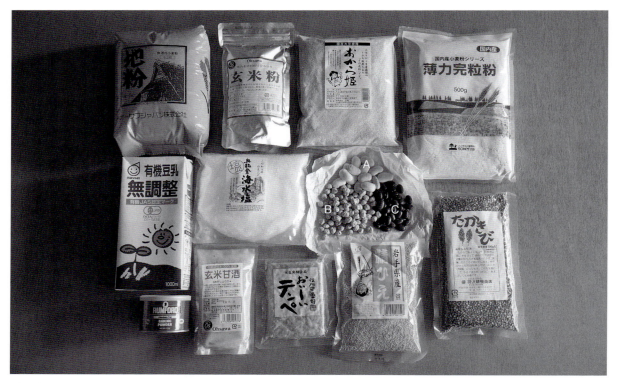

常備しておきたい食材
豆や粉、雑穀など、常備できる加工品や乾物があると便利です。

地粉
揚げ物に使う水溶き粉は薄力粉より粘りが必要なので、中力粉の地粉を使う。

玄米粉
くせがなくロールケーキなどのお菓子に用いたり、豆乳なしでもクリーム系のシチューを作ることもできる。

粉末おから
日持ちするので便利。味噌汁に入れたり、シチューに入れてコクを出したりする。ヤマキの「おから姫」を使用。

薄力粉
全粒小麦を挽いたもの。地粉と混ぜて使用することも多い。▶「薄力完粒粉」❶

豆乳
マルサンの無調整豆乳を使用。

塩
奥能登の海水塩。コクと甘みがある。

豆
A：白花豆、B：ひよこ豆、C：金時豆
コロッケなどの揚げ物やシチュー、おやつなどにも使用できる万能食材。

ベーキングパウダー
焼き菓子に。アルミニウム不使用のものを。

玄米甘酒
発酵した甘みと香りがある。スイーツはもちろん、梅酢と合わせてドレッシングにも。

テンペ
栄養豊富な大豆の発酵食品。焼くだけでおいしいので手軽に食べることもできる。

ひえ
この本では揚げ物に使用。クセがないのでカスタード風クリームなどお菓子作りにもぴったり。

たかきび
ひき肉のような食感があり、麻婆豆腐やコロッケ生地に混ぜ込むなどさまざまに使える。

※ショップリストはp95に掲載しています。

揃えておきたい調理道具

野菜や玄米ご飯をよりおいしくしてくれる頼もしい調理道具を紹介します。

圧力鍋
玄米ご飯はもちもちの食感に、豆は短時間でふっくらと仕上がります。お店でも使用。

せいろ
野菜を蒸すときはせいろを使うとおいしさが引き立ちます。玄米ご飯の温め直しにも。

土鍋
おかゆや煮込みものなどじっくり火を通すときに使います。厚手の鍋が最適です。

フライパン
鉄製を使用。野菜をじっくり炒め甘みを引き出します。フッ素加工のものは使いません。

すり鉢
味噌をすったり、食材をなめらかに仕上げたいときなど、いろんな場面で活躍します。

ざる
食材のあら熱をとるときや水気を切るとき、材料を切って並べるときなどに便利。

ソースに使う調味料
よい調味料は料理の幅を広げてくれます。調味料は質のよいものを選びましょう。

しょうゆ
ほんの少量で味にコクと深みが出る、マイルドで塩気が強すぎないものを使用。▶「丸中醤油」❷

みりん
まろやかな甘みを出したいときに使用。
▶「有機三州味醂」❸

純米酢
上手に酢を使うと、酸味によって塩分を控えめにすることができる。

梅酢
塩分と梅の香りと酸味のバランスがちょうどいい酢。ドレッシングや和え物に。▶「海の精 紅玉梅酢」❹

白たまり
小麦で作ったしょうゆ。発酵したようなコクがあり大葉ジェノバソースや白味噌と合わせてチーズの風味を出すなど洋風料理に合う。なければ薄口しょうゆでも。
▶「足助仕込み三河しろたまり」❺

バルサミコ酢
Bioオーガニックのバルサミコ酢。フルーティーで濃厚な酸味と甘みがある。マリネなどにぴったり。

ごま油
料理にコクや風味を出してくれる。▶「香宝」❻

メープルシロップ
アレガニのメープルシロップ。風味の強いものから軽いものまでさまざまな種類がある。

粒マスタード
Evernatの粒マスタード。酸味や塩分も含まれるため、ほかの調味料とバランスがとりやすい。

米あめ
米で作られているので穏やかな甘みや深みを出すことができる。くせがなく自然な味。▶「こめ水飴」❼

タヒニ
白ごまペースト。料理のコクをだしたいときやディップを作るときに使用。▶「タヒニ」❽

ピーナツバター（クランチ）
無糖を使用。豆よりも味が凝縮されており、おかずにもお菓子にも使いやすい。▶「ピーナッツバタークランチ」❽

白味噌
マイルドでくせがなくお菓子や料理に使える。
▶「マルクラ白みそ」❾

麦味噌
陰陽のバランスがよくマクロビオティックでは日常的によく使う味噌。▶「オーサワ有機立科麦みそ」❻

くず粉
豆乳の分離をふせぎたいときやとろみをつけたいときなど、片栗粉代わりに使用。体を温める。

てんさい糖
ホクレンのてんさい糖を使用。精製されている白砂糖より甘みがきつすぎない。

ごま
香ばしい風味を出したいときに使用。

パンプキンシード
白味噌や白たまりと合わせてチーズのような風味を出すことができる。

くるみ
ナッツは油分が多いので油そのものを控えたいとき上手に使う。甘みやコクもある。

◎おすすめショップリスト
グルッペ吉祥寺店
オープン30年の歴史をもつ自然食品店。有機野菜、調味料、加工品、お菓子、パンなどさまざまな食材を取り揃える。荻窪本店、三鷹店もあり。

〒180-0002
東京都武蔵野市吉祥寺東町1-25-24
☎0422-20-8839
営業時間　10:00〜19:30（日11:00〜19:00）
定休日　無休
http://www.gruppe-inc.com/

❶株式会社創健社　☎0120-101-702
❷丸中醤油株式会社　☎0749-37-2719
❸株式会社角谷文治郎商店　☎0566-41-0748
❹海の精株式会社　☎03-3227-5601
❺日東醸造株式会社　☎0566-41-0156
❻リマネットショップ　http://lima-netshop.jp/
❼株式会社わらべ村　☎0574-54-1355
❽テングナチュラルフーズ アリサン　☎042-982-4812
❾マルクラ食品有限会社　☎086-429-1551

※2016年2月現在の情報です。問い合わせ先のない材料は自然食品店やネットショップで手に入れることができます。

深澤暁子
ふかざわあきこ

東京生まれ。農業作業で野菜のおいしさに目覚め、料理人の道を目指す。料理専門学校を卒業後、フランス料理店で7年間修行をする。その後、決まりごとのないカフェに魅了されて勤務。マクロビオティックに出合い、吉祥寺のベースカフェでオープン当初からシェフとして携わる。野菜本来の味を生かした、シンプルでおいしい、ていねいな料理に定評がある。

STAFF
写真　　　　有賀傑
スタイリング　河野亜紀
デザイン　　　渡部浩美

※本書は、2010年10月発行『マクロビオティックベースカフェの野菜のこんだて』、2011年5月発行『マクロビオティックベースカフェの野菜のお弁当』(ともに小社刊)をまとめ、一部改変した保存版です。あらかじめご了承ください。

保存版
マクロビオティック ベースカフェの野菜のこんだて

2016年2月15日　　初版第1刷発行

著者　　　深澤暁子
発行者　　滝口直樹
発行所　　株式会社マイナビ出版
　　　　　〒101-0003　東京都千代田区一ツ橋2-6-3一ツ橋ビル2F
　　　　　TEL 0480-38-6872（注文専用ダイヤル）
　　　　　TEL 03-3556-2731（販売部）
　　　　　TEL 03-3556-2735（編集部）
　　　　　http://book.mynavi.jp
印刷・製本　大日本印刷株式会社

※定価はカバーに記載してあります。
※落丁本、乱丁本はお取り替えいたします。お問い合わせはTEL 0480-38-6872（注文専用ダイヤル）、または電子メール sas@mynavi.jp までお願いいたします。
※本書について質問等がございましたら、往復はがき、または封書の場合は返信用切手、返信用封筒を同封のうえ、㈱マイナビ出版事業本部編集第2部までお送りください。お電話でのご質問は受け付けておりません。
※本書の一部、または全部について、個人で使用するほかは、著作権法上㈱マイナビ出版および著作権者の承諾を得ずに無断で複写、複製することは禁じられております。

ISBN978-4-8399-5750-5866-4　©2016Akiko Fukazawa　©2016Mynavi Publishing Corporation　Printed in Japan